VENTE

Du Vendredi 26 Janvier 1912

HOTEL DROUOT, SALLE N° 6

A DEUX HEURES

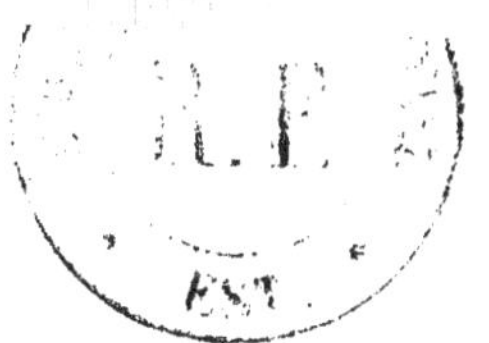

BEAUX MEUBLES

DES MAISONS

NELSON, MAJORELLE, BRUNET ET AUTRES

OBJETS D'ART & TABLEAUX

ANCIENS ET MODERNES

COMMISSAIRE-PRISEUR

Me ANDRÉ COUTURIER

Successeur de M. TUAL

EXPERT

M. GEORGES GUILLAUME

CATALOGUE

DES

BEAUX MEUBLES

Des Maisons NELSON, MAJORELLE, BRUNET et Autres

Objets d'Art Anciens et Modernes

FAIENCES ET PORCELAINES

Terre cuite, Ivoire, Marbre, Éventails, Glaces
Objets variés

BRONZES D'ART ET D'AMEUBLEMENT

TABLEAUX, AQUARELLES, PASTELS, DESSINS

Dont la Vente aux Enchères publiques aura lieu

HOTEL DROUOT, SALLE N° 6

Le Vendredi 26 Janvier 1912, à 2 heures

COMMISSAIRE-PRISEUR	EXPERT
Me ANDRÉ COUTURIER	**M. GEORGES GUILLAUME**
Successeur de M. Léon TUAL	13, rue d'Aumale
56, rue de la Victoire	PARIS

EXPOSITION PUBLIQUE

Le Jeudi 25 Janvier 1912, de 2 heures à 6 heures

CONDITIONS DE LA VENTE

Elle sera faite au comptant.

Les adjudicataires paieront *dix pour cent* en sus des enchères.

L'exposition mettant le public à même de se rendre compte de l'état et de la nature des objets, aucune réclamation ne sera admise une fois l'adjudication prononcée.

Paris. — Imp. de l'Art, Ch. BERGER, 41, rue de la Victoire.

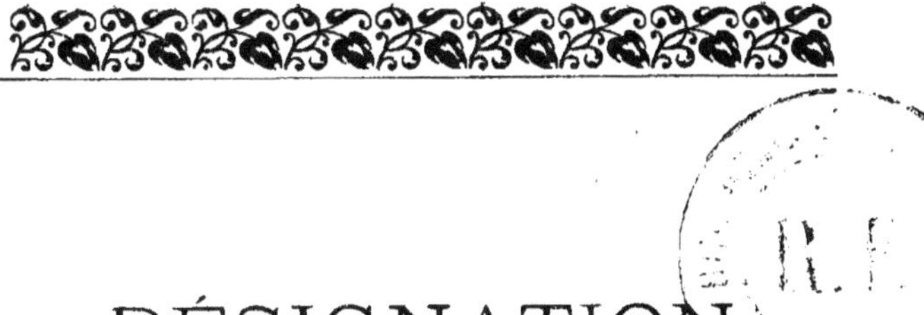

DÉSIGNATION.

TABLEAUX, AQUARELLES

PASTELS, DESSINS

LITHOGRAPHIES

BOUDIN (Eugène)

1 — *Sur la plage.*

Aquarelle signée à gauche en bas et datée : *65*, avec dédicace.

FINOT (le Bᵒⁿ J.)

2 — *Rendez-vous de chasse à courre.*

Aquarelle signée à gauche en bas et datée : *1880*.

KLAPHAUER (J.-G.)

3 — *L'Enfant Jésus sur des nuées, tenant dans ses mains les instruments de la Passion.*

Toile portant à droite en bas le monogramme et la date : *1831.*

LEWIS-BROWN (John)

4 — *Tête de chien.*

Pastel signé à droite et daté : *1860.*

LE PRINCE (Manière de)

5 — *La Jardinière.*

— *La Musicienne.*

Deux dessins rehaussés de sépia.

ÉCOLE FLAMANDE

6 — *Le Passage du gué.*

Toile.

ÉCOLE FLAMANDE

7 — *Marchands et curieux sur une place.*

Panneau.

ÉCOLE FRANÇAISE (xviiie siècle)

8 — *Esquisse de plafond : La Flore aux amours.*

Toile. Cadre en bois sculpté.

ÉCOLE FRANÇAISE (xviiie siècle)

9 — *Scène de danse dans un parc.*

Dessin au lavis d'encre de Chine.

INCONNU

10 — *Vue d'un lac dans un paysage montagneux animé de figures.*

11 — *Les Habits rouges.*

Deux lithographies en couleurs se faisant pendant, d'après ALKEN.

12 — *Un Combat de coqs en 1830.*

Lithographie en couleurs, d'après ALKEN.

13 à 15 — Lot d'eaux-fortes. (Sera divisé.)

PORCELAINES ET FAIENCES

16 — Deux tasses et leurs soucoupes en porcelaine de Saxe gaufrée et décorée de fleurs en camaïeu rouge.

17 — Deux petites tasses et leurs soucoupes en porcelaine de Saxe, à bords gaufrés et décor de fleurettes.

18 — Deux autres, à bouquets.

19 — Pot couvert en porcelaine de Saxe à anses serpent, et réserves de personnages sur fond gros bleu.

20 — Grande soupière avec plateau et couvercle en porcelaine de Saxe-Marcolini gaufrée et décorée de fleurs; couvercle à figurine d'enfant.

21 — Paire de salières doubles en porcelaine décorée, genre Saxe.

22 — Ecuelle à bouillon avec son couvercle orné d'une feuille en relief. Porcelaine genre Saxe.

23 — Six statuettes variées en porcelaine de
Saxe.

24 — Bonbonnière en porcelaine bleue de
Dresde.

25 — Deux petites statuettes en porcelaine d'Allemagne : Amours portant des fleurs.

26 — Paire de cache-pots, à décors de fleurs et
anses-lions, en porcelaine d'Allemagne.

27 — Paire de lampes formées de vases ovoïdes
en ancienne porcelaine de Chine, à réserves
de meubles sur fond bleu fouetté ; monture
en bronze ciselé et doré.

28 — Potiche couverte en porcelaine de Chine,
à décors d'arbustes en fleurs sur fond gros
bleu.

29 — Vase-cornet en ancienne porcelaine de
Chine, à réserves d'arbustes et d'échassiers.

30 — Vase-cornet en ancienne porcelaine de
Chine, à décors bleus de feuilles et de fleurs.

31 — Vase couvert muni d'une anse en ancienne
porcelaine de Chine.

32 — Deux jardinières hexagonales en porcelaine ajourée de Chine, à décors bleus.

33 — Petit bol en porcelaine de Chine; socle en bois de fer.

34 — Deux grands plats en ancienne porcelaine de Chine, marli décoré d'une guirlande de fleurs; au centre, arbustes et barrière.

35 — Deux grands plats en ancienne porcelaine de Chine, décors en bleu au centre de personnages dans des paysages et d'arabesques au marli.

36 — Deux compotiers en ancienne porcelaine de Chine, à marli ajouré et décorés au centre d'une haie et d'arbustes en fleurs.

37 — Plat en ancienne porcelaine de Chine, à décors bleus, de lambrequins et d'arabesques.

38 — Deux assiettes octogonales en ancienne porcelaine de Chine, à décor en bleu de fleurettes et d'armoiries au centre.

39 — Deux assiettes en ancienne porcelaine de Chine, à marli décoré de fleurs et armoiries au centre.

40 — Assiette en ancienne porcelaine de Chine, avec bouquet au centre, lambrequins et fleurs sur le marli.

41 — Assiette en ancienne porcelaine de Chine, à décors rayonnants.

42 — Deux petites assiettes en ancienne porcelaine de Chine, à décors bleus.

43 — Dix assiettes en ancienne porcelaine de Chine, à décor, en bleu, d'arbustes fleuris au centre et de lambrequins au pourtour.

44 — Deux autres, creuses, de décors variés, en ancienne porcelaine de Chine bleue.

45 — Assiette polychrome en ancienne porcelaine de Chine, à personnages; autre, à fleurs.

46 — Tasse et sa soucoupe en porcelaine, à décors dorés, genre Compagnie des Indes.

47 — Deux grands plats en ancienne porcelaine du Japon, décorés d'armoiries au centre.

48 — Deux plats creux, de décors différents, en ancienne porcelaine du Japon.

49 — Deux plats ronds en porcelaine du Japon.

5o — Deux assiettes et deux soucoupes, même
porcelaine.

51 — Deux assiettes en porcelaine du Japon.

52 — Assiette en ancienne porcelaine polychrome du Japon, à rosace au centre et feuil-
lages rayonnants.

53 — Tasse-trembleuse couverte en porcelaine,
décorée à fleurettes et couronnes.

54 — Tasse et soucoupe en porcelaine, à décor
en camaieu rose et dorures.

55 — Deux petits pots à anses en porcelaine, à
décor de fleurettes.

56 — Deux petits vases en porcelaine, à décor
de fleurs.

57 — Potiche en porcelaine, à décors chinois
sur fond bleu; couvercle à chimères.

58 — Assiette en porcelaine, à lambrequins verts
et réserves de fleurs sur fond rose Du Barry.

59 — Plat octogonal en ancienne faïence polychrome de Rouen, à panier fleuri au centre,
lambrequins et guirlandes au pourtour.

60 — Deux assiettes en ancienne faïence de
Delft, à décors bleus de buissons fleuris.

61 — Compotier en faïence italienne, à décor de
paysage et constructions.

62 — Plat ovale en faïence, à décor d'arbustes
en jaune et bleu.

63 — Deux plaques en faïence bleue ; cadres en
bois noir à moulures.

64 — Deux petites statuettes de femmes en
faïence décorée : Vénus à la coquille et
Diane chasseresse.

65 — Vase à anses en céramique de Valoris.

TERRE CUITE, IVOIRE

MARBRE

EVENTAILS, GLACES ET DIVERS

66 — Eventail à monture d'ivoire ajouré et
doré ; feuille à sujet de trois personnages :
l'Oiseau envolé. XVIIIe siècle.

67 — Autre éventail à monture de nacre partiellement dorée, feuille en soie à paillettes,

présentant en réserve une réunion de deux personnages et d'un enfant assis au pied d'un arbre. xviiie siècle.

68 — Eventail à monture en ivoire, partiellement peint vert; feuille à sujet idyllique. xviiie siècle.

69 — Portrait à l'aquarelle de jeune écolier, dans la manière d'Isabey, portant la date : *1817*; cadre en peluche rouge.

70 — Deux petites peintures circulaires sur ivoire, se faisant pendant : la Surprise amou. reuse; l'Après-midi. Cadres en acajou.

71 — Deux statuettes d'apôtres en ancienne terre cuite.

72 — Deux statuettes en terre cuite, présentant des amours supportant un vase et signées : *Jules Franceschi, 1877.*

73 — Statuette en terre cuite de personnage assis : la Source.

74 — Tête de femme en terre cuite, sur piédouche en bois noirci.

75 — Bas-relief ovale en terre cuite : Nymphe jouant avec un jeune faune.

76 — Statuette en biscuit de jeune homme, tenant une corbeille de fleurs.

77 — Figurine de Vierge en ivoire, les cheveux tombants, la tête couverte d'un voile et portant dans ses bras l'Enfant Jésus. xve siècle.

78 — Couteau et fourchette à manches d'ivoire, l'un d'eux sculpté à personnages et chimères.

79 — Buste de femme en marbre blanc.

80 — Deux statuettes en pierre de lard.

81 — Pot à tabac en grès artistique, à sujet de nudités.

82 — Petit panneau d'ancienne tapisserie au point sur châssis : Femme assise dans un parc et jouant de la lyre.

83 — Chapiteau en bois sculpté et doré.

84 — Cadre en bois sculpté et doré.

85 — Miroir à cadre doré, montant à rocailles et volutes ; fronton à fleurs.

86 — Glace en hauteur en bois laqué gris, surmontée d'une gravure. Style Louis XVI.

87 — Glace rectangulaire, à cadre en ébène et écaille. Époque Louis XIII.

88 — Grande glace, à cadre en bois sculpté et doré, fronton à rocailles et coquilles. Époque Louis XV.

BRONZE, CUIVRE, MÉTAL

89 — Grand buste en bronze de Rotrou, d'après Caffieri, avec sa gaine laquée et dorée.

90 — Deux petits bustes en bronze patiné : Voltaire et Jean-Jacques Rousseau, sur colonnes en marbre bleu turquin.

91 — Buste de femme en bronze.

92 — Statuette en bronze : le Crépuscule, par Bruchon.

93 — Grand lustre en bronze ciselé et doré, à rangs de perles et rosaces en cristal, préparé pour l'électricité. *Maison Nelson.*

94 — Autre grand lustre en bronze ciselé et doré, orné de plaquettes de cristal, préparé pour l'électricité. *Maison Nelson.*

95 — Suspension en bronze, préparée pour l'électricité.

96 — Paire de candélabres en bronze ciselé et
doré, à trois lumières de branchage ; tige de
feuillage, base circulaire à couronne de laurier, rang de perles et moulure.

97 — Flambeau de bouillotte en bronze à trois
lumières ; base circulaire à palmettes, cannelures et petites perles. Fin du xviiie siècle.

98 — Paire de flambeaux en bronze doré, à cannelures et feuilles. xviiie siècle.

99 — Ancienne torchère en métal argenté, trans-
formée en lampe et préparée pour l'électricité.

100 — Paire de chenets en bronze ciselé ; modèle à rocailles. Époque Louis XV.

101 — Autre paire de chenets en bronze ciselé :
modèle à sujet d'enfants sur des rocailles.
Époque Louis XV.

102 — Encrier en bronze doré, socle en marbre
rouge.

103 — Classeur en cuivre. Art nouveau.

104 — Deux buires en bronze, sur socles circulaires en marbre. Anses à salamandres.

105 — Deux socles posant sur trois pieds en bronze doré.

106 — Quatre porte-embrasses en bronze ciselé et doré.

107 — Deux plats ronds en ancienne dinanderie.

108 — Plateau Louis XV en métal argenté de forme contournée et muni d'anses.

MEUBLES ET SIÈGES

109 — Mobilier de salle à manger en noyer sculpté, de style Louis XV, comprenant une grande table à sept allonges, deux dessertes couvertes de marbres et quinze fauteuils à coussins de velours frappé. *Maison Nelson.*

110 — Grande table-bureau en bois de rose, ornée de bronzes finement ciselés, tels que chutes et poignées, et cerclé de cuivre, muni de trois tiroirs et posant sur pieds cambrés. Style Louis XV. *Maison Nelson.*

111 — Bureau de dame en bois de rose, orné de bronzes dorés, muni d'une étagère à ca-

siers avec horloge, posant sur pieds cambrés.
Style Louis XV. *Maison Majorelle.*

112 — Cartonnier en bois de rose et bois de
violette, orné de bronzes dorés, fronton
muni d'une horloge; partie inférieure fer-
mant à volets coulissés. Style Louis XV.
Maison Nelson.

113 — Secrétaire en bois de rose marqueté, orné
de bronzes ciselés et dorés. Style Louis XVI.

114 — Bibliothèque basse en bois de rose, ornée de bronze doré, marqueterie à instruments de musique; elle ferme à trois portes
dont une grillagée au centre et est couverte
d'un marbre gris. Style Louis XVI. *Maison
Brunet.*

115 — Meuble-vitrine en bois laqué blanc. Art
anglais.

116 — Console en bois sculpté et doré, couverte
d'un marbre. Époque Louis XV.

117 — Deux consoles d'applique en bois sculpté
et doré.

118 — Deux dessertes de grandeurs différentes
en bois sculpté et laqué blanc, couvertes
d'un marbre. Style Louis XVI.

119 — Petite commode-coiffeuse en citronnier frisé, munie de trois tiroirs et d'une porte. *Maison Maple.*

120 — Table-coiffeuse en bois laqué blanc, couverte d'un verre.

121 — Petit meuble-rafraîchissoir en acajou, couvert d'un marbre brèche, avec deux seaux en métal argenté. Style Louis XV. *Maison Nelson.*

122 — Table à liqueurs en acajou, couverte d'un marbre rouge cerclé de bronze doré ; elle porte trois flacons et douze verres. Style Louis XV. *Maison Nelson.*

123 — Table à thé en bois de placage, ornée d'un surtout de glace. Style Louis XV. *Maison Nelson.*

124 — Table à jeu en acajou, ornée de bronzes.

125 — Pannetière et pétrin en chêne.

126 — Grand lit de forme bateau en bois doré et laqué, foncé d'étoffe, avec ciel de lit assorti. Style Louis XV. *Maison Nelson.*

127 — Cheminée en acajou. *Maison Waring.*

128 — Deux meubles d'entre-deux en marqueterie à fleurs, ornés de bronzes dorés. Style
Louis XVI.

129 — Paravent en bois sculpté et doré, à quatre
feuilles d'étoffe brochée à fleurs.

130 — Cabinet italien en bois noir marqueté
d'ivoire. xiie siècle.

131 — Grande torchère en bois sculpté et doré.
Style Louis XIV.

132 — Flambeau de parquet en bois satiné,
orné de bronzes, muni d'un vide-poche, d'un
écran à feuille de soierie et de trois lumières
à abat-jour; préparé pour l'électricité. Style
Louis XVI. *Maison Nelson.*

133 — Deux colonnes-supports en chêne sculpté
et doré, à cannelures obliques ; base à couronne de laurier.

134 — Deux colonnes cannelées en stuc.

135 — Canapé en bois sculpté et doré à fond de
canne. Style Louis XIV. *Maison Nelson.*

136 — Canapé couvert de cuir rouge capitonné.

1:7 — Grand fauteuil en bois naturel sculpté, d'époque Louis XV, couvert en tapisserie, présentant au siège un lion et au dossier un amour moissonneur sur fond crème et contrefond rouge.

138 — Fauteuil de bureau en noyer sculpté et foncé de canne, couvert d'un coussin mobile en cuir. Style Louis XV. *Maison Nelson.*

139 — Bergère en bois doré, couverte de velours ciselé. Style Louis XVI. *Maison Nelson.*

140 — Chaise percée en bois laqué blanc et foncé de canne.

141 — Douze chaises de salle à manger en chêne, de style Renaissance, couvertes de coussins mobiles.

142 — Objets omis.

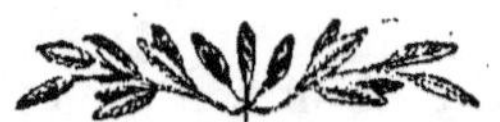